Sei, wie du bist, oder werde, wie du zu sein scheinst.

(Mevlana)

Mit dem besten Dank an meine gestorbenen Groß-
mütter, Großväter, meine Mutter und meinen Vater.

Yemen A. Caylar wurde 1959 in Erzurum/Türkei geboren. Das Interesse zu Philosophie und wissenschaftlichen Ereignissen blieb seit seiner Kindheit erhalten. 1978 zog er zwecks Studium nach München und lebt seitdem mit seiner Ehefrau und seinen drei Töchtern dort.

Yemen A. CAYLAR

Humanität und Eigentum

Der Mensch als Mittelpunkt einer menschenwürdigen Wirtschaftsordnung

Impressum

Autor: Yemen A. CAYLAR
Herstellung und Verlag:
BoD - Books on Demand, Norderstedt
Copyright: © 2011 Yemen A. CAYLAR
Umschlaggestaltung: © Nisa H. CAYLAR
Bild für Umschlagseiten: © 2011 Yemen A. Caylar
ISBN 978-3-73922784-9

Imprint

Humanität und Eigentum
Yemen A. CAYLAR
published by: Books on Demand GmbH, Norderstedt
Copyright: © 2011 Yemen A. Caylar
ISBN 978-3-73922784-9

Nach dem Maslow'schen Bedürfnispyramidenmodell bilden die menschlichen Bedürfnisse eine Art horizontale Hierarchie, ähnlich den Stufen einer Pyramide. Diese bestehen aus fünf Ebenen:

- Grund- oder existentielle Bedürfnisse
- Sicherheitsbedürfnis
- Soziale Bedürfnisse
- Anerkennungs- und Wertschätzungsbedürfnis (Individualbedürfnisse)
- Selbstverwirklichungsbedürfnis

Nach dieser Theorie versucht der Mensch zuerst die Bedürfnisse der niedrigsten Stufe zu befriedigen, d.h. die physiologischen wie z.B. essen, trinken etc., bevor die nächste Stufe, die der Sicherheit in Angriff genommen werden kann und so weiter. Er meint, solange die Bedürfnisse einer niedrigen Stufe nicht zur Genüge befriedigt sind, sind die

Bedürfnisse der nächsten höheren Stufe prinzipiell noch nicht vorhanden. Sind sie befriedigt, dann erst erhöht sich die Motivation, um die Bedürfnisse einer weiteren Ebene zu erfüllen.

Bedürfnispyramide nach Maslow (1908 - 1970)

Abraham Maslow geht in seiner Theorie davon aus, dass alle Menschen, ein angeborenes Bedürfnis nach Selbstverwirklichung in sich tragen. Laut Maslow's Selbstverwirklichungstheorie ist das Bedürfnis des Menschen, das zu werden oder das zu erreichen, was er sich vornimmt, in seiner inneren Natur verankert, welche einzigartig ist. Diese innere Natur ist an sich nicht primär oder notwendig böse. Daher sollte diese innere Natur, die gut oder eher neutral als schlecht ist, gefördert werden, anstatt sie zu unterdrücken. Wird das Bedürfnis nach Selbstverwirklichung ignoriert oder vernachlässigt, so rutscht der Mensch leicht in eine lethargische oder sogar depressive Stimmung ab. Selbstverwirklichung kann auch als Wunsch definiert werden, seine eigenen Talente und Fähigkeiten voll auszuschöpfen. Jeder Mensch hat natürlich den Wunsch sich als Person weiter zu entwickeln. Der Weg führt durch die Befriedigung der physiologischen-, der sozialen-, der individuellen- der Sicherheits-, und eben der Selbstverwirklichungsbedürfnisse.

Zur Selbstverwirklichung gehört natürlich auch die Erkenntnis seiner Handlungen.

Wenn wir die diversen Probleme analysieren, die unsere Welt zurzeit in Atem halten, kommen wir schnell zur Erkenntnis, dass die meisten von ihnen von Menschen selbst verursacht sind. Auch die im ökologischen Bereich entstandenen Probleme sind auf das Fehlverhalten der Menschen zurückzuführen.

DER MENSCH ALS MITTELPUNKT

Selbstverständlich ist auch der Mensch ein Produkt der Natur. Die Natur versah den Menschen mit Wille, Intellekt, Vernunft, Denkvermögen u.a. Doch allein die Benutzung des Intellekts ohne den Willen oder der Einsatz des Willens ohne die Vernunft führt nachweislich zu nichts Brauchbarem. Der Mensch muss endlich seine Lebensweise durch eine neue, vernünftige Perspektive betrachten, damit er für sich selbst und für seine Nachkommen sich einen neuen Horizont mit einer neuen Vision eröffnen kann. Falls wir so weiter machen wie bisher, werden wir weder eine aus dem All kommende Naturkatastrophe noch aggressive Außerirdische brauchen, um uns selbst zu vernichten. Der Mensch wird sich selbst vernichten, wenn er die Belange der Natur und seinen Platz im Universum nicht zu verstehen vermag. Der Mensch wird ein Tor zu einer besseren Zukunft nur öffnen können, wenn er einsichtig ist und den Wunsch zur Besserung seiner Handlungen auch im Einklang mit der Natur einbringt.

Der Mensch, der ein Individuum ist, soll als ein soziales Wesen betrachtet werden, dessen Handlungen immer im Einklang mit dem Wohlergehen der Gesellschaft erfolgen sollten. Obwohl die Bedürfnisse der Gesellschaft auch in den Bedürfnissen des Individuums fest verankert sind, besitzt die Gesellschaft eine eigene Dynamik, die sich über die Bedürfnisse des einzelnen Menschen erhebt. Trotzdem genießt der Mensch als Individuum in der Gesellschaft bestimmte Vorrechte; das Recht auf Eigentum ist eines davon.

Damit die politischen, sozialen, wirtschaftlichen, kulturellen und religiösen Probleme in einer Gesellschaft auf ihre Richtigkeit hin analysiert und für sie entsprechende Lösungen gefunden werden können, sollte auf folgende Punkte hingewiesen werden:

Eigentum, Humanität, und Gerechtigkeit. Diese drei Elemente sind für die Menschen von großer Bedeutung, wobei das Eigentum eine große Rolle in einer Gesellschaft spielt. Dazu sind auch noch zu zählen die Würde und die Chancengleichheit durch Erziehung und Bildung. Auch die Produktivität und das Selbstbestimmungsrecht d.h. die Freiheit des Menschen sind von tiefgreifender Bedeutung in einem demokratischen System. Die Ausübung dieser Werte, die den Menschen in den Mittelpunkt der gesellschaftlichen Geschehnisse stellt, ist in Deutschland verfassungsmäßig garantiert.

EIGENTUM

Der englische Philosoph **John Locke** (geb. 1632, gest. 1704) argumentiert in seinem Werk „Two Treatises of Government", „dass eine Regierung nur legitim ist, wenn sie die Zustimmung der Regierten besitzt und die Naturrechte Leben, Freiheit und Eigentum beschützt. Wenn diese Bedingungen nicht erfüllt sind, haben die Untertanen ein Recht auf Widerstand gegen die Regierenden". Und weiter: „Das Eigentum rechtfertige sich aus dem Selbsterhaltungsrecht: Der Mensch sei folgend dem Freiheits- und Selbstbestimmungsrecht nicht nur Eigentümer seiner selbst und damit auch seiner Arbeit, sondern auch berechtigt, der Natur ein angemessenes Stück zu entnehmen, um sich selbst zu erhalten".

Ein Mensch ohne sein Eigentumsbedürfnis wäre schwer zu definieren. Ein politisches System, das gegen das Eigentumsrecht des Menschen verstößt, wäre - wie man am Beispiel des gescheiterten sozialistischen und kommunistischen Modells erfahren musste – nicht überlebensfähig.

Ich verstehe unter hier von mir genannten Eigentumsbegriff alle Bedürfnisse der Menschen, welche er zu seinem Unterhalt in seiner Lebensperiode benötigt.

Das Eigentum als Wort bedeutet in deutscher Sprache: „etwas jemandem Gehörendes". Humanes Eigentum muss nicht unbedingt Besitz einer Sache sein, worüber der Mensch tatsächliche Herrschaft hat. Vielmehr ist es das Vermögen, das den Menschen in die Lage setzt, damit er sein Unterhalt aufgrund seines humanen Eigentums fortführen kann. Wenn die Grund- und existentielle Bedürfnisse des Menschen nicht erfüllt sind, ist das Überleben gefährdet. Der Mensch setzt seine Priorität bei den existentiellen Bedürfnissen. Nahrung, Kleidung und Schlaf sind wichtige Grundbedürfnisse des Menschen. Erst wenn existentielle Bedürfnisse des Menschen befriedigt werden, verlangt er nach den anderen Bedürfnissen. Nicht nur der Mensch, sondern jedes Wesen auf der Erde sucht zuerst nach Nahrung und nach sicherer Umgebung, in der die Möglichkeit zum Leben existiert.

Eine der wichtigsten Aufgaben eines demokratischen, politischen Systems, sollte zunächst darin bestehen, ein Gleichgewicht zwischen dem individuellen Eigentumsrecht und dem kollektiven Wohlergehen in einer

Gesellschaft zu finden, damit der soziale Frieden erhalten bleibt. Dafür wäre – wie bereits oben erwähnt – die Miteinbeziehung des Menschen in den Mittelpunkt politischer und wirtschaftlicher Entscheidungen erforderlich. Geschieht dies nicht, verselbstständigt sich die Wirtschaft, die in ihrem Streben nach Gewinnmaximierung – wie soeben in der letzten Weltwirtschaftskrise passiert – ungeniert ihre eigenen Spielregeln aufstellt, mit den fatalen bekannten Konsequenzen.

In der neoklassischen Theorie gilt als Mechanismus, nach dem Unternehmer ihre Produktionsmenge in einer Marktwirtschaft anpassen, damit ein Marktgleichgewicht in der Wirtschaft erreicht wird. In der Wirtschaftslehre gilt Gewinnmaximierung als ein wichtiges Unternehmensziel. Ich meine mit Gewinnmaximierung die Gewinnziele der Unternehmen seit 90´er Jahren, welche über Marktgleichgewicht hinausgehen, sodass am Ende auch dem Unternehmen schaden.

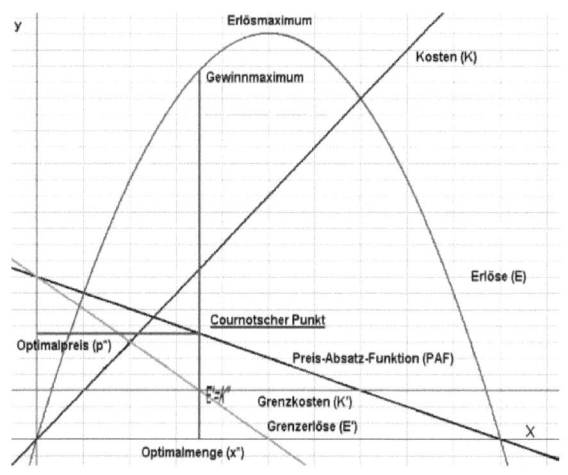

Gewinnmaximierung nach der Wirtschaftslehre

In diesem Sog erfährt der Wert des Geldes, der sich immer entsprechend unstabiler Wirtschaften unterschiedlich entwickelt, einen unaufhaltsamen Verlust. Dieses Phänomen setzte ein, als die Nationalbanken eine neue Geldpolitik einführten. Früher mussten die meisten Nationalbanken ihre Banknoten auf Wunsch gegen Gold einlösen. Denn die Banknoten waren Stellvertreter für Gold. Das von Natur aus knappe Gold garantierte den Wert des Geldes: Es war sein Anker. Heute hat das Gold seine Rolle als Anker für die Währungen verloren. Die Banknoten wurden zu gesetzlichen Zahlungsmitteln erklärt, die Goldeinlösungspflicht und die Golddeckung wurden abgeschafft, und es wurden Münzen in Umlauf gesetzt, die kein Edelmetall mehr enthalten. Die Nationalbank hält weniger Goldreserven als früher. Sie sorgt jetzt mit ihrer Geldpolitik dafür, dass das Geld seinen Wert behält.

Eine andere wichtige Aufgabe eines demokratischen Systems sollte darauf abzielen Rahmenbedingungen zu schaffen, um den Erhalt des Eigentums zu schützen und zu gewährleisten. Denn vermehrtes Eigentum trägt nicht nur zur Sicherung der individuellen Existenz, sondern jedenfalls auch zur Erhaltung des sozialen Friedens bei. In vielen Ländern wird zwar die Freiheit der Mehrung von Eigentum gewährleistet, ohne dafür auch sozialgerechte Maßnahmen zu treffen und einzuhalten. Es gilt, diese Fehlentwicklung zu korrigieren.

Um auf die Einleitung zurückzukommen: Es reicht nicht, nur intelligent zu sein, um Entscheidungen zu treffen. Auch intelligente Menschen agieren oft nur nach dem Gesichtspunkt „Was bringt Geld". Um nach realen existierenden Bedingungen richtig zu handeln, ist es notwendig, dass auch die Vernunft und der Wille zur Gerechtigkeit in die Entscheidungen wirtschaftlicher Natur einbezogen werden.

DIE UNANTASTBARKEIT

DER WÜRDE

Ein wichtiger Punkt im Katalog der Menschenrechte stellt die Würde dar, die Menschenwürde; die Menschenwürde ist ein Teil des Menschenseins.

Nicht ohne Grund heißt es im Artikel 1, Absatz 1 des deutschen Grundgesetzes: „Die Würde des Menschen ist unantastbar. Sie zu achten und zu schützen ist Verpflichtung aller staatlichen Gewalt."

Ein politisches System demokratischer Prägung ist verpflichtet, die Unantastbarkeit der Würde zu gewährleisten. Die Einhaltung der Menschenwürde kann jedoch nur gewährleistet werden, wenn die staatlichen Gewalten auch den Besitzt des Eigentums garantiert. Also Würde und Eigentum sind zwei der wichtigsten Säulen, auf denen die Lebensgrundlage einer Gesellschaft ruht, wobei die Wahrung der Würde noch vor dem Recht auf Eigentum steht. Würde und Eigentum machen ein Menschenleben erst qualitativ wertvoll; deswegen sind sie wert, sie zu schützen.

Die Menschenwürde wurde als „Gleichheit aller Gläubigen vor Gott" von den Religionen schon in früheren Zeiten partiell manifestiert, was meistens nur theoretisch in den Grenzen der jeweiligen Glaubensrichtungsschriften geblieben war. UNO-Menschenrechtsdeklaration betont in Artikel 1 die

Menschenwürde mit dem Satz, „Alle Menschen sind frei und gleich an Würde und Rechten geboren ..." Die Welt verdankt dem französischen Jean-Jacques Rousseau, (1712-1778) den Anstoß zur „Allgemeinen Erklärung der Menschenrechte", die von der UNO 1948 erlassen wurde. Jean-Jacques Rousseau schrieb in seinem Gesellschaftsvertrag 1. Kapital (Gegenstand), dass der Mensch frei geboren sei, trotzdem liege er in Ketten als Sklave überall. Er meinte daher, dass die Menschen von Natur aus frei und gleich seien und sie seien dazu fähig, über sich selbst zu bestimmen. Er forderte daher gleiche Rechte für alle Bürger unter einer demokratisch ausgeübten Kontrolle.

Die politischen Systeme, die die Würde des Menschen missachten, müssten verurteilt werden. Die Würde verkörpert den Menschen selbst, sowie der Mensch die Würde selbst ist. Damit der Mensch sein Leben in

Würde führen kann, sind die Wahrung des Eigentums und der Respekt vor diesem notwendig.

DIE GERECHTIGKEIT

Die Einhaltung gerechter Maßnahmen bei der Lösung von Problemen ist einer zivilisierten, demokratischen Gesellschaft, auch in schwierigen Situationen, oberstes Gebot; denn nur gerechte Handlungen können zu friedfertigen Lösungen führen. Die Quelle für die Gerechtigkeitsempfindung des Menschen ist seine Gedankenfreiheit und seine Würde selbst. Der Staat entsteht durch einen Vertrag aller Bürger mit ihm, auf den diese die Staatsgewalt übertragen wird. In diesem Vertrag werden jedoch die essentiellen Freiheitsrechte der Bürger nicht angetastet. Diese Freiheiten bewirken, dass die Bürger jederzeit vom Staat eine gerechte und menschenwürdige Regierung des Landes verlangen können. Doch nicht nur der Staat, sondern auch der einzelne Mensch ist dazu gerufen, gerecht und würdig zu handeln; das Ansehen seiner Person, seine Ehre und sein Rang in der Gesellschaft, – zusammengefasst – seine Würde verpflichten ihn dazu.

Von voneherein ist ein politisches System zum Scheitern verurteilt, wenn es keine Gesetze im Sinnen der Gerechtigkeitsempfindung des Menschen erlässt. Für die Einhaltung der Gerechtigkeit gilt auch hier, dass der Mensch im Mittelpunkt politischer, wirtschaftlicher und gesellschaftlicher Geschehnisse stehen muss.

Der einzige Gesichtspunkt der Gerechtigkeit aus nur einer Perspektive ist ein relativer Begriff. Gerechtigkeit in Justiz, im Sinne dessen Bestimmungen schafft einen Wert in Bezug auf die geregelte rechtliche Ethik. Allerdings, die universellen Werte der Gerechtigkeit in Rahmen der menschlichen Werte, verbunden mit Gewissen und Logik sind Werte, die auf dem Prinzip „Recht" basiert. Dies ist, was wichtig ist.

Ein Rechtssystem, das gerecht sein soll, muss auch imstande sein, völlig unparteiisch und unabhängig Entscheidungen zu treffen und Urteile zu fällen, und zwar immer zum Wohle der Bürger. Dem Grundgesetz der Bundesrepublik liegt das Modell der Trennung der Staatsgewalten („Gewaltenteilung" in Legislative, Exekutive und Judikative) zugrunde. Zur Justiz (Judikative), der unabhängigen „Dritten Gewalt", sagt das Grundgesetz in:

- Artikel 92: "Die rechtsprechende Gewalt ist den Richtern anvertraut"

- Artikel 97: "Die Richter sind unabhängig und nur dem Gesetz unterworfen."

D.h. die deutschen Richterinnen und Richter sind in ihrer Rechtsprechung unabhängig und sollten sich nur an Gesetz und Recht orientieren.

Die autonome Stellung der Staatsgewalten ist von besonderer Bedeutung für ein Rechtssystem, dessen Ziel es ist, gerecht zu arbeiten. Ein Rechtssystem muss gewissenhaft und unabhängig von politischen, religiösen und zuletzt auch von gefährlichem Lobby-Einfluss funktionieren.

Ohne ein gerechtes Rechtssystem ist auch keine Garantie für die Erhaltung und für die Mehrung des Eigentums zu erwarten. Eine menschenwürdige Wirtschaftsordnung, die das Eigentumsbedürfnis des Menschen sichert, benötigt ein gerechtes Rechtssystem, das ein Gleichgewicht zwischen dem individuellen Eigentumsrecht und dem kollektiven Wohlergehen in einer Gesellschaft findet.

CHANCENGLEICHHEIT

In der Natur – wird gesagt – gibt es keine Chancen, sondern nur Möglichkeiten. Indessen findet man in einer Sozialgesellschaft vermehrt Chancen. Doch die Chancen sind in der Gesellschaft nicht gleichmäßig verteilt; diese negative Umverteilung führt dazu, dass gesellschaftliche Unterschiede entstehen. Die Menschen in einer Gesellschaft erwarten und verlangen mit Recht eine Ordnung, die die Chancengleichheit begünstigt; geschieht dies nicht, fühlen sich die Menschen benachteiligt. Diese Benachteiligung macht sich nicht nur in der Person durch Krankheitsbilder, sondern auch kollektiv in der Gesellschaft durch aggressives und gewalttätiges Verhalten bemerkbar. Mangelnde Chancengleichheit kann den sozialen Frieden aufgrund des ungerechten Empfindens der Menschen in der Gesellschaft gefährden.

In einer modernen Gesellschaft heißt Chancengleichheit auch das Recht auf eine gerechte Verteilung der Zugangs- und Lebensmöglichkeiten. In den Menschenrechten ist das Verbot der Diskriminierung aufgrund der Religion, der sozialen Herkunft, des Alters oder des Geschlechtes festgeschrieben.

Die Benachteiligung kann auch ethnisch, religiös oder kulturell bedingt sein. In diesem Bereich sind die Vorurteile zu Hause. Verallgemeinerungen in einer oder in einer andern Richtung sind grundlegend falsch. In allen Gesellschaften ist mit positiven und mit negativen sozialen Erscheinungen zu rechnen. Abgesehen davon, dass es Menschen gibt, die keinen Beitrag für die Gesellschaft erbringen, gibt es andere, die sich größte Mühe geben, um etwas zu erreichen. Doch gibt es auch viele, die, obwohl sie sich größte Mühe geben, aus den oben genannten Gründen benachteiligt werden. Es gibt auch manche, die, weil sie etwas erreicht haben, denken, sie seien intelligenter, fleißiger oder sogar besser als andere. Der Mensch ist nur ein einziger; die Chancen dagegen sind ungleich verteilt; es geht darum, zu sorgen Chancengleichheit für alle zu erreichen. Verallgemeinernde negative Äußerungen führen zur Verletzung der Menschenwürde.

Chancengleichheit zwischen den Menschen kann durch die entsprechende Bildung erzielt werden. Die Verwirklichung der Chancengleichheit im Bildungssystem wird die hinausgewachsene Generation zu einer neuen Vision der Chancengleichheit führen.

Denn die Chancengleichheit ist keine Utopie, wenn Rahmenbedingungen zur legalen Verwirklichung im politischen System festgelegt werden.

ERZIEHUNG UND BILDUNG

Der Mensch besitzt – so wie die Tiere von Geburt an – keine instinktiven Fähigkeiten, um überleben zu können. Der Mensch lernt erst durch Erziehung und Ausbildung für das Leben; deren Qualität ist entscheidend für das künftige Leben eines Menschen. Erfährt ein Mensch in jüngeren Jahren eine mangelhafte oder schlechte Bildung bzw. Ausbildung, wird es später sehr schwierig sein, den Fehler zu korrigieren, für die meisten wird es dann bereits zu spät sein.

Die Politik ist aufgefordert dafür zu sorgen, dass möglichst viele Menschen in der Gesellschaft in den Genuss einer guten Ausbildung kommen können; denn diese, nämlich eine gute Ausbildung, ist ihnen nicht von der Natur mitgegeben. Das Vorhandensein eines pluralistischen guten Bildungssystems erhöht die Chancengleichheit ungemein.

So wie die Menschen in einer Gesellschaft verschiedenartig sind, so sind es auch die persönlichen Hintergründe: Manche werden reich, andere arm geboren; manche gesund, andere behindert. All diese Personen sind jedoch Teil der Gesellschaft und sie alle sind auf der Suche nach Glückseligkeit im Leben. Werden ihre Fähigkeiten und Kräfte nicht genutzt, geht etwas sehr Wertvolles in der Gesellschaft verloren. Wir werden alle gebraucht für das Wohlergehen und für die Entwicklung in einer Gesellschaft. Nur eine richtige Ausbildung und Erziehung mit Chancengleichheit wird den Menschen erfolgreich in die Zukunft führen; ein gut ausgebildeter Bürger sichert erneut auch die Zukunft einer erfolgreichen Gesellschaft.

Deutscher Philosoph **Johann Gottfried Herder** meinte im 18. Jahrhundert, dass die Menschlichkeit nur teilweise angeboren sei. Nach Herder müsse die Menschlichkeit nach der Geburt erst ausgebildet werden, die Bildung sei das wichtigste Werkzeug dafür. Ohne Menschlichkeit und Bildung verkomme der Mensch zum Tier. Parallel zu dieser Meinung sprach schottischer Philosoph **Adam Smith** auch im 18. Jahrhundert in seiner Staatstheorie, „der Staat soll dem einfachen Volk Schulausbildung zugänglich machen, denn durch diese vom Staat angebotene Bildungsmöglichkeit wird dem Menschen den Aufstieg aus seiner durch Geburt vorgegebenen Situation geben, welchen er nur durch seinen Fleiß nicht erreichen kann".

Ich gehe von der Meinung beider Philosophen über die Ausbildung der Menschen her und stelle fest, dass die Politik aufgefordert ist, dafür zu sorgen, damit möglichst viele Menschen in der Gesellschaft in den Genuss einer guten Ausbildung ohne Einfluss der herrschenden Politik unter den Rahmenbedingungen der Rechtsprechung kommen können.

Mustafa Kemal Atatürk, 1881-1938, Gründervater der Türkei sagte, "Mit der Ausbildung von Kindern allein können wir unser Ziel nicht erreichen. Die Kinder sind unsere Zukunft ... Wir sollen aber auch die Eltern ausbilden, damit sie ihre Kinder gut erziehen können." Zwischen 1937 und 1946 wurden im Auftrag von Atatürk die Dorfinstitute als Ausbildungsstätte zur Ausbildung der Lehrer gegründet. Als wesentlicher Begründer dieser Institute war der damalige Minister für Kultur und Erziehung der Türkei,

Hasan Ali Yücel. Er war als eine humanistische Person bekannt.

Die in den Dorfinstituten ausgebildeten Lehrer sollten in die bis dahin noch kaum mit Schulen ausgestatteten ländlichen Gegenden der Türkei entsandt werden, um dort öffentliche Bildungseinrichtungen für Jungen und Mädchen zu gründen. Auf diese Weise wurde innerhalb kürzester Zeit eine nahezu flächendeckende Versorgung des Landes mit Schulen erreicht. Begabte Kinder, die zwischen 11 und 18 Jahre alt sind und bereits Lesen, Schreiben und Rechnen beherrschten, wurden aufgenommen und mit landwirtschaftlich nützlichem Wissen, sowie Kenntnissen in Volksmusik, Gesundheitserziehung und Dichtung versorgt. Die Ausbildungspläne orientierten sich stets an der Praxis der zukünftigen in der Landwirtschaft tätigen Schüler und Schülerinnen.

Die Politik ist gefordert, Förderung der Eltern im Rahmen der Erziehung- und Bildung zur besseren Entwicklung der Gesellschaft zu sorgen. In diesem Zusammenhang soll die Politik die Priorität für die Familie setzen.

Vernunft, Ethik und Gerechtigkeit sind voneinander nicht zu trennen. Um die Menschen gerecht und vernünftig zu erziehen, müssen sie eine laizistische Ausbildung erfahren, die unterschiedlichen Glaubensrichtlinien dürfen dabei keine Rolle spielen.

Der Mensch, der sich eine soziale und wirtschaftliche Chancengleichheit verdient hat, ist aber auch aufgefordert, mit guten und gerechten Taten zum Wohlergehen der Gesellschaft beizutragen. Jeder Mensch soll so von Geburt an in diesem Bewusstsein erzogen werden.

PRODUKTIVITÄT DER MENSCHEN

In der volkswirtschaftlichen Definition wird unter Produktivität das Verhältnis zwischen der produzierenden Menge und eingesetzten Mitteln verstanden. Daher wird es generell eine Erhöhung der Arbeitsleistung unter der Steigerung der Produktivität angenommen. Das bedeutet eine Erhöhung des finanziellen Einsatzes. In diesem Zusammenhang wird es wohl allgemein angenommen, dass die meisten Menschen von ihrer geleisteten Arbeit so viel profitieren, dass sie von ihr auch leben können. Die Wirklichkeit ist jedoch eine andere. Viele arbeiten zwar unaufhörlich, profitieren jedoch wenig von ihrer eingesetzten Arbeit; eine große Anzahl von Menschen leben unter der Armutsgrenze. Grund dafür ist eine ungerechte Verteilung des Profits. Vermögen, und Eigentum dürfen nicht auf Kosten vieler gesammelt werden; die Arbeit des Menschen sollte produktiv zum Wohle aller eingesetzt werden. Das bedingungslose Grundeinkommen als Ergebnis der Produktion des Menschen soll materielle Voraussetzung des menschlich würdevollen Lebens festgelegt werden, welches der Mensch freien Zugang zu allen öffentlichen Gütern und Infrastrukturen der öffentlichen Daseinsvorsorge ermöglicht. Der Mensch darf nicht ohne materielle Absicherung und ohne Verantwortung allein gelassen werden.

Vor allem, anstelle, dass die Steigerung der Produktivität der Menschen mit geringer Bildung durch Druck erzielt wird, sollte durch gute Ausbildung der Einzelnen mit Arbeitszufriedenheit erzielt werden. Denn Menschen mit hoher Bildung arbeiten in ihren erlernten Berufsbereichen eher produktiver, wenn sie mit ihrer Arbeit zufrieden sind. Die Produktivität des Menschen sollte nicht allein an seinen wirtschaftlichen Arbeiten gemessen werden. Seine Tätigkeiten, Dienste, Talente in sozialen Bereichen als Mensch von großer Bedeutung. Daher ist Produktivität des Menschen nicht nur als ein Selbstzweck zu sehen. Sie ist auch sehr relativ. Der Mensch erwartet Anerkennung seiner Bemühungen. Solange neue und bessere Entwicklungen in der Technik nicht zum Nutzen des Menschen und dessen Produktivitätssteigerung in angegebenen Rahmen eingesetzt werden, können auch die Menschen sowohl finanziell als auch seelisch nicht befriedigt werden. Denn Produktivität des Menschen ist nicht anders als der Ausdruck seiner inneren Haltung in seiner Lebensperiode.

Es sollte eine Wirtschaftsordnung geschaffen werden, die allen Bereichen des Lebens gerecht wird. Die Arbeit und die Fähigkeiten der Menschen sollten mit Unterstützung der Politik zum Vorteil der gesamten Gesellschaft eingesetzt werden.

SELBSTBESTIMMUNGSRECHT

Das Recht auf Selbstbestimmung ist mit der Verwirklichung der Menschenrechte fest ineinander verzahnt. Demnach hat jeder Mensch oder jede Gruppe – solange er oder sie sich im Rahmen der Rechtsstaatlichkeit bewegen – das Recht, die eigenen Angelegenheiten frei und ohne die Einmischung von anderen, insbesondere von staatlichen Stellen zu regeln. Die Voraussetzung für das Selbstbestimmungsrecht ist die Motivation, die im Individualbedürfnis des Menschen zu finden ist. Das Selbstbestimmungsrecht bedeutet jedoch nicht, dass jede Person willkürlich, ohne auf die Rechte anderer zu achten, handeln kann.

Im internationalen Kontext gelten die gleichen Regeln. Die Strategie, die für eine Nation von Vorteil ist, wirkt sich möglicherweise negativ auf andere Nationen aus. D.h., ein Land kann nicht nur zugunsten ihrer eigenen Interessen handeln, ohne die Interessen anderer zu berücksichtigen bzw. zu respektieren. Die Welt besteht eben nicht nur aus einer Nation.

Der Respekt vor dem Eigentum spielt in diesem Kontext eine wichtige Rolle; das Recht auf Eigentum und was daraus erwirtschaftet, gewonnen wird, soll ethischen Prinzipien folgen, damit sie den wirtschaftlichen und soziokulturellen Bedürfnissen der Menschen dienen.

SCHLUSSFOLGERUNG

Die Ausübung der Wirtschaft mit dem vorrangigen Ziel Gewinne zu maximieren zusammen mit dem Recht auf Eigentum existieren nicht als die einzigen, wichtigen Faktoren in einer Gesellschaft. Der Mensch als solcher genießt Priorität und soll im Mittelpunkt gesellschaftlicher Geschehnisse stehen. Doch damit die Staatsbürger dies bewirken können, brauchen sie die richtigen Rahmenbedingungen, die vom Staat bzw. von den Politikern in der Form menschenfreundlicher Gesetze, Bestimmungen, Erlasse usw. geschaffen werden müssen. Der Mensch braucht Eigentum um sich zu verwirklichen; das Recht der Menschen auf Selbstverwirklichung ist ein Menschenrecht.

Der Staat darf bestimmte Gruppen in der Gesellschaft nicht bevorzugen, sei es im ethnischen politischen, wirtschaftlichen oder religiösen Kontext. Im Gegenteil, der Staat hat nicht nur die Verpflichtung zur Gleichbehandlung aller Staatsbürger, er ist auch noch dazu berufen, den Dialog zwischen den verschiedenen gesellschaftlichen Erscheinungen zu fördern und zu intensivieren.

Das oberste Ziel eines jeden demokratischen Staates soll darin bestehen, für einen dauerhaften, gerechten Gesellschaftsfrieden mit menschlicher Prägung zu sorgen. Dafür müssen sich die Ideale der Freiheit, der Gleichheit, der Brüderlichkeit, der Toleranz und der Humanität in kodierter Form, d.h. in der Gesetzgebung eines jeden demokratischen Landes wieder finden.

Allgemeine Erklärung der Menschenrechte Artikel 1 sagt, „Alle Menschen sind frei und gleich an Würde und Rechten geboren. Sie sind mit Vernunft und Gewissen begabt und sollen einander im Geiste der Brüderlichkeit begegnen".

Danksagung

Ich danke allen, die mich in meinem Leben immer an meiner Seite unterstützt haben. Insbesondere meinem Vater, meiner Mutter, vor allem meinen Großeltern, die mich niemals daran hinderten, während ich ständig neue Visionen mit meinen Gedanken schuf. Sie waren diejenigen, die mir die Menschlichkeit gelehrten. Sie haben mir gezeigt, wie wichtig das Lesen und Verstehen war.

Wie sollte ich die Menschen kennenlernen, wenn ich den Wert des Lesens nicht verstanden hätte. Ich danke auch den Menschen, die in schwierigen Zeiten ihre Meinung über Freiheit, Gleichheit, Brüderlichkeit, Toleranz und Humanität geäußert haben. Ihre einzige Waffe war nur ihre Meinung.

Insbesondere danke ich meiner Ehegattin und meinen Töchtern, die immer an mich glaubten und ständig unterstützten.

Ich danke meinen guten Freunden, die mir ermöglichten, mich zu erkennen und zu entwickeln. Epikur sagt zur Freundschaft folgendes: "Von allen Geschenken, die uns eine weise Voraussicht gewährt, um das Leben völlig beglückend zu gestalten, ist die Freundschaft das Schönste"

Die in diesem Buch erwähnten Menschen:

Abraham Maslow

Abraham Harold Maslow (1. April 1908 - 8. Juni 1970) amerikanischer Psychologe gilt als der wichtigste Gründervater der humanistischen Psychologie, die als sogenannte „Dritte Kraft" zwischen krankheitsorientierter Psychoanalyse und behavioristischer Verhaltenstheorie eine Psychologie seelischer Gesundheit anstrebte und die menschliche Selbstverwirklichung untersuchte.

Adam Smith

Adam Smith (5. Juni 1723 - 17. Juli 1790) schottischer Moralphilosoph, gilt als Aufklärer und Begründer der klassischen Nationalökonomie.

Atatürk

Mustafa Kemal (1881 – 10. November 1938), Begründer der Türkei und erster Präsident der nach dem Ersten Weltkrieg aus dem Osmanischen Reich hervorgegangenen Republik. Atatürk, als Machtpolitiker, der die Modernisierung seines Landes nach westlichem Vorbild beharrlich vorantrieb, hat mit der Abschaffung von Sultanat und Kalifat sowie mit weitreichenden gesellschaftlichen Reformen einen in dieser Form einmaligen Staatstypus geschaffen. Ihm wurde 1934 vom türkischen Parlament der Nachname „Atatürk" (Vater der Türken) verliehen.

Epikur

Epikur (um 341 v. Chr. auf 271 oder 270 v. Chr.) griechischer Philosoph und Begründer des Epikureismus. Nach dem Garten, in dem Epikur und seine Anhänger sich versammelten, wird *Kepos* (Schule) genannt.

Hasan Ali Yücel

Hasan Ali Yücel war ein türkischer Autor und Politiker. Er war zwischen 1938-1946 Minister für Kultur und Bildung. UNESCO rief das Jahr 1997 zu seinem hundertsten Geburtstag „Hasan Ali Yücel Jahr" aus.

John Lock

John Locke (29. August 1632 - 28. Oktober 1704) englischer Philosoph und Aufklärer. Locke war ein Hauptvertreter des britischen Empirismus und gilt allgemein als Vater des Liberalismus. Seine politische Philosophie beeinflusste die Unabhängigkeitserklärung der Vereinigten Staaten, die Verfassung der Vereinigten Staaten, die Verfassung des revolutionären Frankreichs und über diesen Weg die meisten Verfassungen liberaler Staaten maßgeblich.

Johann Gottfried von Herder

Johann Gottfried von Herder, geadelt 1802 (25. August 1744 - 18. Dezember 1803) deutscher Dichter, Übersetzer, Theologe und Geschichts- und Kultur-Philosoph der Weimarer Klassik war einer der einflussreichsten Schriftsteller und Denker deutscher Sprache im Zeitalter der Aufklärung und zählt mit Christoph Martin Wieland, Johann Wolfgang Goethe und Friedrich Schiller zum klassischen „Viergestirn" von Weimar.

Jacques Rousseau

Jean-Jacques Rousseau (28. Juni 1712 -2. Juli 1778) Genfer und französischer Schriftsteller, Philosoph, Pädagoge, Naturforscher und Komponist der Aufklärung. Der bedeutende Aufklärer gilt als einer der wichtigsten geistigen Wegbereiter der Französischen Revolution und hatte großen Einfluss auf die Pädagogik und die politischen Theorien des 19. und 20. Jahrhunderts. Die Welt verdankt Jean-Jacques Rousseau den Anstoß zur „Allgemeinen Erklärung der Menschenrechte", die von der UNO 1948 erlassen wurde. Er forderte daher gleiche Rechte für alle Bürger unter einer demokratisch ausgeübten Kontrolle.

Mevlana

Mevlana (30 September 1207 - 17 Dezember 1273 türkischer Mystiker, Philosoph und Dichter. Mevlena stammt ursprünglich aus Chorasan (Horasan), Chorasan war eine sehr wichtige türkische Stadt, während seldschukische Türken in Asien herrschten. Seldschuken waren damals von Mittelasien bis ägäische Inseln gedehnt.

Wichtige Begriffe

Chancengleichheit

In modernen Gesellschaften gilt das Recht auf eine gerechte Verteilung von Zugangs- und Lebenschancen. Dazu gehört insbesondere das Verbot von Diskriminierung insbesondere aufgrund des Geschlechtes, des Alters, der Religion oder der sozialen Herkunft.

Existentialismus

Im Allgemeinen wird damit die französische philosophische Strömung der Existenzphilosophie bezeichnet. Ihre Hauptvertreter sind Jean-Paul Sartre, Simone de Beauvoir, Albert Camus und Gabriel Marcel. Im Gebrauch gilt als Bezeichnung für eine allgemeine Geisteshaltung, die den Menschen als Existenz im Sinne der Existenzphilosophie auffasst.

Gewinnmaximierung

In der neoklassischen Theorie gilt als der Mechanismus, nach dem in einer Marktwirtschaft Unternehmer ihre Produktionsmenge anpassen, damit ein Marktgleichgewicht in der Wirtschaft erreicht wird. In der Wirtschaftslehre gilt Gewinnmaximierung als ein wichtiges Unternehmensziel.

Globalisierung

Vorgang der zunehmenden weltweiten Verflechtung in allen Bereichen. Wesentliche Ursachen der Globalisierung sind technische Fortschritte sowie die politischen Entscheidungen zur Liberalisierung des Welthandels.

Humanismus (humanistisch)

Der Humanismus beruht auf das Glück und Wohlergehen des einzelnen Menschen, die Würde des Menschen, die Fähigkeit, sich zu bilden und weiterzuentwickeln, die schöpferischen Kräfte des Menschen, die sich entfalten können sollen und die menschliche Gesellschaft, die in einer fortschreitenden Höherentwicklung die Würde und Freiheit des einzelnen Menschen gewährleisten soll.

Humanistische Psychologie

Bei der humanistischen Psychologie handelt es sich um eine psychologische Schule, welchem Anspruch nach sie mit dazu beiträgt, dass sich gesunde, sich selbst verwirklichende und schöpferische Persönlichkeiten entfalten können.

Menschenwürde

Unter Menschenwürde ist die Vorstellung, dass alle Menschen unabhängig von ihrer Herkunft oder anderer Merkmale wie Geschlecht, Alter oder Zustand denselben Wert haben.

Ökologie

In diesem Buch ist gemeint, die biologischen Wechselbeziehungen zwischen Organismen und deren natürlicher Umwelt, insbesondere zwischen Menschen.

Phänomenologie

In der altgriechischen Sprache bedeutet „Sichtbares" - „Erscheinung" und „Lehre" Sie ist eine gegenwärtige philosophische Strömung, die von Edmund Husserl geprägt wurde. Für Phänomenologen gilt als Ursprung der Erkenntnisgewinnung in unmittelbar gegebenen Erscheinungen. Die Meinungen unterscheiden sich nur in der Art, wie sie mit dem unmittelbar Gegebenen umgehen.

Produktivität

Produktivität ist eine volkswirtschaftliche Kennzahl für Leistungsfähigkeit. Sie bezeichnet das Verhältnis zwischen produzierten Gütern und den benötigten Produktionsfaktoren, die dafür benötigten sind.

Staatsgewalt

Die Ausübung hoheitlicher Macht innerhalb des Staatsgebietes eines Staates durch dessen Organe und Institutionen wie z. B. Staatsoberhaupt und Regierung, Rechtsprechung und Parlament bezeichnet man Staatsgewalt. In einem modernen und demokratischen Staatssystem herrscht das Prinzip „Gewaltenteilung".

Wirtschaftssystem

Gesamte Ordnung des Wirtschaftslebens in einem Land.